المُتدين في زمن الـ Social media

حبيبة شبل

اسم الكتاب : المُتدين في زمن الـ Social Media

تأليف : حبيبة شبل

تصميم الغلاف : يوسف السيد

الإخراج الفني : فريق عمل بصمة كاتب

تنسيق : سارة عيد

الطبعة : الثانية

تصنيف الكتاب : خواطر

المقاس : ١٤ × ٢٠

إصدار : ٢٠٢٢

رقم الإيداع : ٢٠٢٢/٢٧٠٢٤

مديرة الدار : حبيبة شبل

للتواصل والاستفسار / 01093187904

المُتدين في زمن الـ Social media

إهــــداء

إهداء إلى كُل شخص هلكته الذنوب تأكد أن الله غفورٌ رحيم فـ هو ينتظر منك توبةٍ...

لقد تاب اللهُ علىٰ من هو أغلظ منك جُرمًا، وأشدُّ منك ذنبًا،

فلا تقنط من رحمة الله.

المقدمـة

لا ملجأ لكَ دون الله فتأكد أنك من دون رضى الله " لا شىء " ، لا تُلهيك الشهوات فأنتَ دائمًا تذهب إلى الله تعالى ، ولكن إذا كنت على طريق الحق تأكد أن......

المُلتزم الحقيقي هو الذي كُلما أذنب تاب

وليسَ الذي لا يُذنِب أبدًا.

ألعاب الفيسبوك

-حكم ألعاب الفيسبوك اللي زي أعرف موعد زواجك أعرف موعد موتك أو ماذا تقول عنك الصحافة غدًا حلال ولا حرام؟

ج / الأمور التي فيها رجم بالغيب لا تجوز حتى لو على سبيل المزاح.

_عارفه إيه الفرق بين إسم أحمد ، ومحمد ، ومحمود !؟

= لا ..

_طب عارفه ليه النبي ﷺ ذُكر في الإنجيل أحمد مش محمد !؟

= ليه !؟

لأن الإسلام لما نزل ، نزل باللغة العربية ... والأسماء العربية كلها اسماء

ليها معاني ..

سيدنا عيسى " عليه السلام " لما أتى على قومه بالرسالة قالهم :

وَإِذْ قَالَ عِيسَى ابْنُ مَرْيَمَ يَا بَنِي إِسْرَائِيلَ إِنِّي رَسُولُ اللَّهِ إِلَيْكُم مُّصَدِّقًا لِّمَا بَيْنَ يَدَيَّ مِنَ التَّوْرَاةِ وَمُبَشِّرًا بِرَسُولٍ يَأْتِي مِن بَعْدِي اسْمُهُ أَحْمَدُ

_ليه قال اسمه أحمد !؟

= لأنه مش موجود ، لسه مجاش ، لكن هيجي بعد كده.

_هو معنى اسم أحمد إيه أصلًا !!!؟

=اسم " أحمد ، ومحمد ، ومحمود " ،، الثلاثة مشتركون في صفة " الحمد .

يعني سيدنا عيسى عليه السلام كان بيقول :

هيجي رسول من بعدي أحمد مني

ـ طب لو كان قال محمد !؟

كان هيبقى كده في خطأ في القرآن ..

لأن" محمد " تتقال لما يكون الشخص موجود فعلاً ..

ـ طب أمتى إتقال " محمد "!؟

= لما سيدنا محمد كان موجود فعلًا في الدنيا وحامل رسالته ..

ـ وأمتى إتقال محمود !؟

= لما توفي رسول الله ﷺ فقيل عنه محموداً

يعني كثير الحمد ..

الفوارق اللغوية دي بين الأسماء الثلاثة :

بتدل على عظمة الإعجاز القرآني ،، أقلها إن ليس كمثله إعجاز.

بوستات الحوقلة

هي بوستات الحوقلة دي ينفع أقول لا حول ولا قوة إلا بالله العلي العظيم في نفسي ولا لازم في التعليقات زي ما بشوف .

القول باللسان = له أجر

والكتابة = لها أجر

القول باللسان والكتابة = لهما أجران

ولو إمتنعت عن الكتابة والقول = لا تأثم ، لكن تركت خير كثيرًا

" يوم تشهد عليهم ألستهم و أيديهم وأرجلهم بما كانوا يعملون "

يعني تشهد عليهم بما كانوا يفعلونه في الدنيا ، سواء كان خيرًا أو شرًّا .

العطر

البرفيوم لا يجوز حتى ولو ريحته خفيفه...

قال رسول الله ﷺ

"أيُّما امرأةٍ استعطرتْ ثمَّ خَرَجَتْ ، فمَرَّتْ على قومٍ ليجِدُوا ريَحها فهِيَ زانيةٌ"

فاصل حسنات

"إنا اعطيناك الكوثر

فصلِ لربك وأنحر

إن شانئك هو الأبتر"

٤٧٠ حسنة.

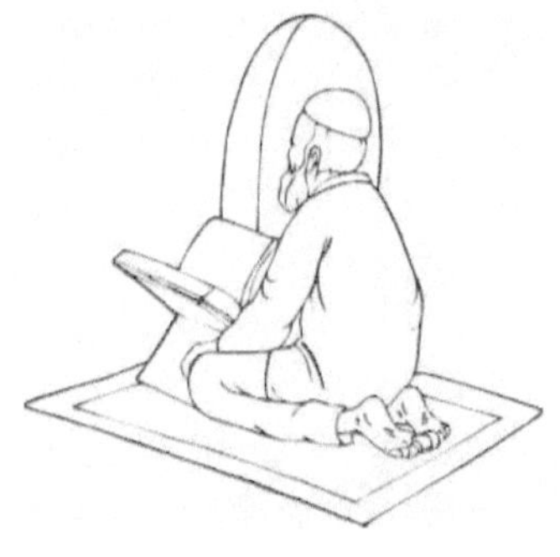

صلاة الفجر

لَمَّا تصلي الفجر خد بالك من الكلام سنة دول وحاول تطبقهم :

١) **سنة الفجر** : اقرأ في أول ركعة سورة الكافرون و الثانية الإخلاص .

عن ابن عمر رضي الله عنهما قال : (رمقت رسول الله صلى الله عليه وسلم عشرين مَرَّةً يقرأ في الركعتين بعد المغرب ، وفي الركعتين قبل الفجر "قُلْ يَأَيُّهَا الْكَفِرُونَ" و "قُلْ هُوَ اللَّهُ أَحَدٌ"

٢) بعد ما تصلي وأنت على نفس قعدتك قول :

" لا إله إلا الله وحده لا شريك له له الملك وله الحمد يحيي ويميت وهو على كل شيء قدير " (عشر مرات)

قال رسول الله ﷺ : مَن قال في دُبُرِ صلاةِ الفجرِ وهوَ ثانٍ رِجلَيْهِ قبلَ أن يتكلمَ : لا إلهَ إلَّا اللهُ وحدَهُ لا شريكَ لهُ ، لهُ المُلكُ ، ولهُ الحمدُ ، يُحيي ويُميتُ ، وهوَ على كلِّ شيءٍ قديرٌ عشرَ مرَّاتٍ ..كتبَ اللهُ لهُ عشرَ حسناتٍ ، ومحا عنهُ عشرَ سَيئاتٍ ، ورفعَ لهُ عشرَ درجاتٍ ، وكانَ يومَهُ ذلكَ كلَّهُ في حرزٍ مِن كلِّ مَكروهٍ ، وحُرِسَ من الشَّيطانِ ، ولَم ينبغِ لذنبٍ أن يُدركَهُ في ذلكَ اليومِ ، إلَّا الشِّركُ باللهِ..

" حرام تصلي بالكوتشي "

" حرام تصلي بالبنطلون / بالميك أب "

" حرام تصلي عالأرض بدون مُصلَّية "

" حرام تصلي قدام الرجال "

كلام زي ده بنسمعه كتير لما نصلّي في الجامعة أو أي مكان بره بيتنا .. فهل ده حقيقي ؟؟

_أولًا الصلاة بالحذاء مش حرام ومش مكروه كمان بل بالعكس دي (سُنّة) يعني اللي يعملها بنية السُنّة ياخد أجر .. قال رسول الله ﷺ : " خالفوا اليهود فإنهم لا يُصلّون في نِعالِهم " ..

_هتقول طب ما الحذاء بيتنجّس وأحنا ماشيين بيه في الشارع ؟ ..

شرط النجاسة إنك تشوف النجاسة دي بعينك .. يعني طالما الحذاء عليه بس تراب من الأرض يبقى طاهر ويجوز الصلاة بيه، قال رسول الله ﷺ : " إذا جاء أحدكم إلى المسجد فلينظر فإن رأى في نعليه قذرًا أو أذى فليمسحه وليُصَلِّ فيهما "

_حد يقول هدخل أصلي في المسجد بالكوتشي عشان آخد أجر بقى ؟

لا ما هو ما هنا ما ينفعش لأن كده هتوسخ السجاد وهتإذي باقي المصلين ..
لكن الصلاة بالحذاء لما تكون بتصلي على أرض أو مكان مافهوش سجاد مثلًا .

❋ ❋ ❋ ❋

ـوهو ينفع نصلّي عالأرض من غير مُصلّية ؟

أه ينفع .. دي من الحاجات اللي أختص بيها ربنا أُمّة محمد ، قال رسول الله
ﷺ : " أُعطِيتُ خمسًا لم يُعطَهنَّ نبيٌّ قبلي، وجُعِلَت لي الأرض مسجداً
وطهوراً"

في الأمم السابقة كان لازم يروحوا مكان مخصص للصلاة لكن ربنا أنعم
على أُمّتنا إنه جعل لنا كل الأرض مسجد .. فيجوز تصلّي عالأرض طالما ما
شفتش عليها نجاسة بعينك ..

❋ ❋ ❋ ❋

ـطيب إزاي كبنت هصلّي قدام الناس ؟

صلاة المرأة أمام الرجال تجوز .. لو خلاص مفيش مسجد نساء فاتح
والصلاة هتروح عليكي ممكن تفرشي في أي مكان على جنب (بعيدًا عن أعين
الناس بقدر المستطاع) .. " فإن لم يُوجَد مكانٌ يستُرُها، وخشيت خروج

الوقت، أو ما شابه، فلا حرجَ عليْها أن تؤدِّي الصَّلاة أمام الرِّجال الأجانب، مع الالتِزام بالسّتْر "

❈❈❈❈

_لقينا مكان للصلاة بس أنا لابسة بنطلون أو حاطة ميك أب ؟

الصلاة بالميك أب تجوز ومافيهوش مشكلة .. المهم بس تكوني متوضيه قبل الميك أب عشان ما يمنعش وصول الماء لجسمك ..

طب والصلاة بالبنطلون ؟ مكروه الصلاة بيه .. بس الصلاة هتبقى صحيحة .. فالأفضل يبقى معاكي إسدال في الشنطة وتلبسيه وقت الصلاة .. لكن لو مش معاكي ما تضيعيش الصلاة وصلّي بالبنطلون عادي ..

" إذا صلى الإنسان وعورته مستورة بهذا اللباس، فصلاته في حد ذاتها صحيحة؛ لوجود ستر العورة، لكن يأثم من صَلّى بلباس ضيق "

جايز يكون الصلاة بالبنطلون فيها ذنب .. لكن تأخير الصلاة عن وقتها حرام و ذنبه عظيم وكبيرة من الكبائر ..

نسبة الخراب

لا يجوز نسبةُ الخرابِ إلى اللهِ كما يقول البعضُ:

"اللهَّ يخربيتك"!

لأن ذلك إساءة أدب مع اللهَّ ناهيكم أنَّ الخراب ليس من صفاته سبحانه وتعالىٰ!

فمن كان لا يدري وعَلِمَ الآن فليستغفر اللهَّ،

ولا يعود لذلك تعظيمًا لله تبارك وتعالىٰ..

الأمـانة

لا يجوز فتح مكبر الصوت أثناء المكالمة ليسمع من حوله دون إذن المتصل

قال النبي ﷺ:

«لا يتجالسُ قومٌ إلا بالأمانةِ»

اللعن والشتايم

"اللعن والشتايم حرام ولا يجوز حتى لو بهزار ، حتى لو هنقول غبي ومتخلف وحمار .. حرام..

قال النبي ﷺ:

"ليس المؤمن بالطعان ولا اللعان ولا الفاحش ولا البذئ"

أكتب كل ما تحفظه من كتاب الله

قال تعالى:......

....

....

....

....

....

....

....

....

....

....

....

أخطاء أثناء الصلاة

ـ رفع البصر إلى السماء في الصلاة مُحرم ويُعد من الكبائر ومن يفعل ذلك يخطف الله بصره.

ـ الدليل

قَالَ النَّبِيُّ ﷺ : مَا بَالُ أَقْوَامٍ يَرْفَعُونَ أَبْصَارَهُمْ إِلَى السَّمَاءِ فِي صَلَاتِهِمْ فَاشْتَدَّ قَوْلُهُ فِي ذَلِكَ حَتَّى قَالَ: لَيَنْتَهُنَّ عَنْ ذَلِكَ أَوْ لَتُخْطَفَنَّ أَبْصَارُهُمْ.

وفي آية الكريمة: يخاطب الله عز وجل نبينا محمد ﷺ : قَدْ نَرَى تَقَلُّبَ وَجْهِكَ فِي السَّمَاءِ، فَلَنُوَلِّيَنَّكَ قِبْلَةً تَرْضَاهَا، فَوَلِّ وَجْهَكَ شَطْرَ الْمَسْجِدِ الْحَرَامِ، وَحَيْثُ مَا كُنْتُمْ فَوَلُّوا وُجُوهَكُمْ شَطْرَهُ، وَإِنَّ الَّذِينَ أُوتُوا الْكِتَابَ لَيَعْلَمُونَ أَنَّهُ الْحَقُّ مِن رَّبِّهِمْ، وَمَا اللهُ بِغَافِلٍ عَمَّا يَعْمَلُونَ.

لِمُربيين القطط أجر عظيم

لمن يشمئز من القطط و يكره دخولها البيت:

عن أنس بن مالك أن النبي ﷺ قال : " يا أنس إن الهر من متاع البيت لن يقذر شيئاً ولن ينجسه "

القطط لها قيمة خاصة في ديننا و معاملتنا لها يجب أن تكون بكل حب و قبول

فرسولنا ﷺ قال :- " إنها ليست بنجس إنها هي من الطوافين عليكم أو الطوافات "

وجودها بحياة أي شخص مثل وجود الأطفال.

ألفاظ تخالف العقيدة

ــ مينفعش تقول : بحس إن ربنا بيطبطب عليا! ✖

ربنا مش بيطبطب على حد

اسمها ربنا بيربط على قلبي ✔

ــ مينفعش خالص تقول : ربنا عارف كل حاجة! ✖

لأن المعرفة لابد أن تأتي بعد جهل وحاشاه تعالى

اسمها ربنا عليم بكل شيء ✔

ــ مفيش حاجة اسمها ربنا يأذي المؤذي! ✖

ربنا مبيإذيش حد

اسمها ربنا ينتقم من المؤذي ✔

ــ مفيش حاجة اسمها الله يقرفك ولو بهزار! ✖

ربنا مبيقرفش حد حاشا لله

ـ ومفيش حاجة بردو اسمها ربنا يظلمك! ✘

ربنا مش بيظلم حد حاشا لله

استبدلهم بقول : ربنا يهديك ✔

ـ مفيش حاجة اسمها ربنا عايز كده! ✘

لأن عايز من العوز وهو الحاجة ..

ربنا مش بيحتاج لحد أو حاجة سبحانه وتعالى

استبدلها بقول .. ربنا أراد ✔

ـ مفيش حاجه اسمها ربنا يخرب بيتك! ✘

لأن الله لا يخرب

لكن قل ربنا يجازيك بعملك ✔

فـ ياريت نخلي بالنا ولا ننسب لله صفة لم ينسبها هو لذاته سبحانه

فلنتأدب مع الله .

- يجوز للمرأة المسلمة أن تقرأ القرآن وهي (كاشفة) لشعرها.

- يجوز للمرأة المسلمة أن تقرأ القرآن وهي (نائمة)

- يجوز للمرأة المسلمة أن تقرأ القرآن وهي (متكئة)

- يجوز للمرأة المسلمة أن تقرأ القرآن وهي مستلقية على ظهرها وفي غرفتها الخاصة.

- يجوز للمرأة المسلمة أن تقرأ القرآن من (مصحف الهاتف) وهي على غير وضوء ...

وهذا الكلام ينطبق على الرجال أيضاً...

وكل ذلك ثابت عن رسول الله ﷺ وعن عائشة رضي الله عنها:

(كان رسول الله ﷺ يتكئ في حجر عائشة ويقرأ القرآن) رواه البخاري ومسلم

_قال النووي رحمه الله:

"فيه جواز قراءة القرآن مضطجعا ومتكئاً" شرح صحيح مسلم.

_قال الشيخ صالح الفوزان:

"قراءة القرآن من المضطجع لا بأس بها سواء كان مضطجعًا على السرير أو

على الأرض . لا بأس بذلك فيتلو الإنسان القرآن على أي حال كان قائمًا أو قاعدًا أو مضطجعًا " – المنتقى من فتاوى الفوزان.

قال تعالى:

(الَّذِينَ يَذْكُرُونَ اللَّهَ قِيَامًا وَقُعُودًا وَعَلَى جُنُوبِهِمْ وَيَتَفَكَّرُونَ فِي خَلْقِ السَّمَاوَاتِ وَالْأَرْضِ رَبَّنَا مَا خَلَقْتَ هَذَا بَاطِلًا سُبْحَانَكَ فَقِنَا عَذَابَ النَّارِ)

وقراءة القرآن نوع من أنواع الذكر.

_لماذا نؤذن في أذن المولود الجديد .. ؟

عند ولادة الطفل أمرنا .. رسولنا الكريم بأن نؤذن في أذنه اليمنى ونقيم الصلاة في الأذن اليسرى .. فكل أذان يتبعه صلاة

_فأين هي الصلاة .. ؟ !

هذا هو الأذان وهذه هي أقامة الصلاة تمت في أذن الطفل فأين الصلاة ؟

الصلاة تصلى عند وفاته، صلاة الجنازة بدون أذان ولا إقامة أنها كان الأذان والإقامة يوم مولده والصلاة يوم وفاته .

وهذه عبرة على أن الدنيا ما هي إلا الوقت بين الإقامة و الصلاة

اللهم أرزقنا حسن الخاتمة .

الموسيقى

سماع الموسيقى "معصية."

والمُجاهرة بسماعها "معصيةٌ ثانية."

الدعوة لسماعها "معصيةٌ ثالثة."

تحليلها "معصيةٌ رابعة"

الإستهزاء بمن يحرمها "معصيةٌ خامسة"

﴿ وَلَيَحْمِلُنَّ أَثْقَالَهُمْ وَأَثْقَالًا مَّعَ أَثْقَالِهِمْ ۖ وَلَيُسْأَلُنَّ يَوْمَ الْقِيَامَةِ عَمَّا كَانُوا يَفْتَرُونَ ﴾ ..

صوت المرأه

صوت المرأة ليس بعورة إنما هوَ فتنة في حالة الدلع والتغنج.

قال تعالى ﴿فَلاَ تَخْضَعْنَ بِالْقَوْلِ فَيَطْمَعَ الَّذِي فِي قَلْبِهِ مَرَضٌ﴾.

سُنّة الإصبع

ضُم أَصَابِعَكَ وَأَنتَ سَاجد، و وَسِّعهَا وَأَنتَ رَاكِع!

"سُنّه مهجورة"

حجابك

حجابك طول ما أنتِ ماشيه هو عداد ليكي فـ أنتِ شوفي عايزه العداد يكون بـالحسنات ولا سيئات ، أنتِ هتقابلي ربنا لوحدك ...مش هيبقى معاكي صاحبتك اللي بتقولك على لبسك الضيق" واو تحفة"!

" وَكُلُّهُمْ آتِيهِ يَوْمَ الْقِيَامَةِ فَرْدًا"

حكم الصبغ بالسواد في الإسلام

أن الصبغ بالسواد محرم مطلقًا، على المتزوجة وغير المتزوجة، وعلى الرجال والنساء؛ لقول النبي ﷺ في الحديث الصحيح: **"غيروا هذا الشيب وجنبوه السواد"**

خرجه الإمام مسلم في صحيحه.

ولو كان يباح في التغيير، بالسواد لأحد؛ لأباحه النبي ﷺ للصحابة ولوالد الصديق رضي الله تعالى عنهما، بل لما جيء إليه بوالد الصديق فرأى بياض لحيته.

خطوات الحلال

-رُؤية شرعية

-خِطبة

-عَقد قَران

-زِفاف

فلا يخدعوكِ بِـالعلاقات المحرمة

انتظري زوجاً لِـ تُحبيه وليس حَبيباً لِـ تتزوجيه

التسبيح

– لا تحسبن الإتيان بألف حسنة في اليوم عملًا شاقًا ، فذلك يأتي في مئة تسبيحة فقط !

قال ﷺ: "أيعجز أحدكم أن يكسب كل يوم ألف حسنة؟ يسبح مئة تسبيحة، فيكتب له ألف حسنة، أو يحط عنه ألف خطيئة" رواه مسلم.

في أقل من ٣دقائق تأخد ١٠٠٠ حسنة

حافظ على التسبيح دايمًا.

أصوات لن تُنسى من أذهاننا

"روح الروح هيدي روح الروح"

"اسمه يوسف ٧ سنين شعره كيرلي وأبيضاني وحلو.. بدي يوسف يابابا"

"كان يصرخ عليّ يا كمال يا كمال!

كان عايش والله.. بدي أبوسه".

" الولاد وين؟ الولاد ماتوا بدون مايأكلوا يشهد عليا الله"

"قوم ارضع حبيبي.. قوم.."

"بدي شعرة منه.. شعرة واحدة بس قبل م تدفنوه"

"كنت نايم!"

"يا عمـــاار.. حاسس فيني؟ مش راح أمشي قبل م تطلع من تحت الر.دم

بستنى ليوم ليومين لسنة لحتى تطلع"

"والله بنتي عروسة استشــهـدت، عرسها كان الجمعة الـ فاتت والله م

رجعنا فستان العرس لصاحبه"!

" والله عروسة حامل شهرين"

"السبعة مع أمهم.. السبعة مع أمهم"

"ثانية بس ثانية واحدة سبت ايدي ليش.. ياريتني مـت معك.. سبتيني لمين!"

"ياعالم جيبولي بنتي"

"ياجماعة زوجي استشـ٨ـد.. استشـ٨ـد أبوكي".

" أربعين سنة بشتغل عشان أبني الدار.. راحت، فدا فلسـطين"

"ماتعيطش يازلمة.. كلنا شـ٨ـداء، كلنا مشاريع شـ٨ـداء"

"فدا الأقصـى يمّا فدا الأقصى"

"قلبي انقطع عليكي يا أختي.. العـرب وينهم، المسـلمين وينهم؟"

"بيكفي ياعالم بيكفي"

"حطي قلبك على قلبي يمّا.. حس فيكي يمّا"

"هذه مرح بتحب الرسم كانت، وهذه بيسان الدكتورة.."

"رايح أدفن أبويا بسيارتي.."

"إيش عملتلهم هالبنت الصغيرة؟ عشرين سنة نفسه يخلف.. قعدت شهرين وراحت!"

" عمر أحكي بسم الله، حبيبي سامعني قول ورايا أشهد أن لا إله إلا الله.. علّي صوتك حبيبي "

" أخواتي أخواتي .. ما فيني شي بدي أخواتي "

" بتنتقموا منا بالاولاد .....معلش "

" دارنا راحت وين بدنا نقعد؟! "

" ماضلش مكان نشــرد.. وين بدنا نشـرد؟ ماضلش مكان نسكن فيه ".

-" ولا مرة كان أي منهم رقماً ، كان لكلٍّ منهم بيتٌ وقصة وعائلة وحلمٌ وذاكرة

..وقَلب "

ظنكم بالله

_طول ما أنت مقتنع إنها مش هتتحل إنها فعلًا مش هتتحل !

سيدنا عبد الله بن مسعود بيقول : البلاء مُعلق بالنُطق به "

وأفتكر إن " كُل مُتَوَقَّع آتٍ "

ربنا سبحانه و تعالى بيقول (فما ظنكم برب العالمين)

خلي ظنك بربنا خير مهما كانت الأمور متعقدة وتأكد تمامًا إن ربنا

هيراضيك فالوقت الصح بالحاجه اللي نفسك فيها.

صلاة قيام الليل كنز المؤمن

_كيفيتها:

ركعتين وتُسلِّم، ركعتين وتسلم، ركعتين وتسلم، وهكذا..

_وقتها:

من بعد صلاة العشاء، حتى أذان الفجر

_عددها:

أقلها ركعتين، ولا حد لأكثرها

_أفضل وقت لها:

الثلث الأخير من الليل

_ثوابها عظيم، وسرها عجيب، بها تُحقق الأمنيات، وتبيض الوجه، وتهدئ القلب، وتسكن الروح، وتؤمن الخائف، وتبعد الشر، وتجلب الخير، وتزيد الرزق، وتزوج الأعزب، وتجبر المنكسر، وتنصر المظلوم.

مُصافحة الغرباء

الصالح لا يُصافح

والتقية لا تمِد اليد.

فعن معقل بن يسار أن رسول الله صلى الله عليه وسلم قال: "لأن يطعن في رأس أحدكم بمخيط من حديد خير له من أن يمس امرأة لا تحل له"

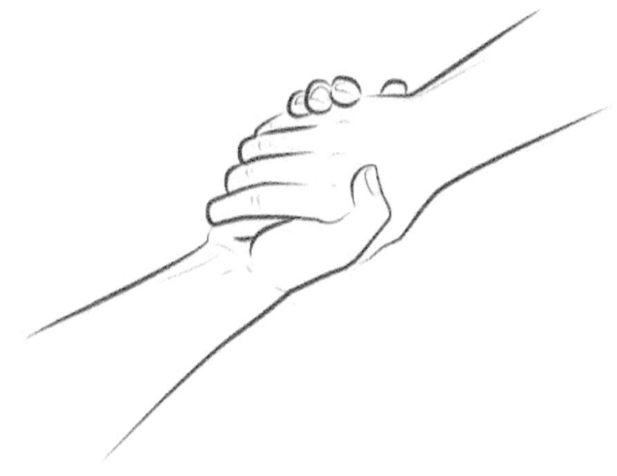

نصيحة لمقبلة على الزواج

ــ نصيحة لمقبلة على الزواج

ج/ أعمري قلب زوجك بحبك وليني بين يديه لين الحبيبة، وكوني عونه على الخير والرفق، وأغمضي عينيه عن غيرك بحسن تجملك تجملك له صورة وخلقًا ولسانًا.

أجعلي بيتك مسكونًا بالنور تحفُّه الملائكة بقلبك الطائع وعونك لزوجك.

وأعلمي أنه لابد من خلاف أو تضاد، فأحسني التجاوز والتحاور.

النوم على البطن

نهى النبي ﷺ عن النوم على البطن

رأى النبي ﷺ رجلاً مضطجعاً على بطنه، فقال: " إن هذا ضجعة لا يحبها الله "

والنهي للكراهة ليس للتحريم

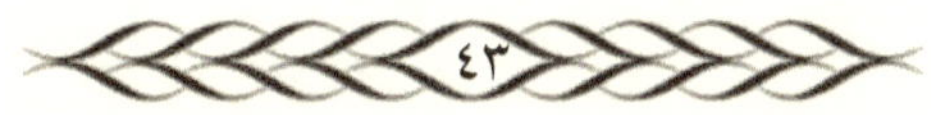

القُرآن

-الحرف منه بحسنّة والحسنّة بعشر أمثالها.

-الماهر بالقُرآن مع السفرة الكرامِ البرَرَة.

-أهل القُرآن هُم أهل اللهَّ وخاصته.

-يرفع صاحبهُ دُنيا وآخرة.

-يشفع لصاحبه يوم القيّامة.

-لا يترك صاحبه حتى يسكنه الدرجات العلىٰ من الجنَّة.

الحلفان بغير الله

"من حلف بغير الله فقد أشرك"

إذا نسيت وحلفت بغير الله كـ "والنبيّ، والمصحف، والكعبة"

فقل: **لا إله إلا الله** فهذه كفّارتها.

س/ بتوب وبرجع أنتكس تاني ؟

ج/ غافر الذنب وقابل التوب " والتوب جمع توبة يعني مهما وقعت
ورجعت ليه هيقبلك.

ـنحاول تاني؟

= نحاول تاني وتالت

"إِنَ ٱللَّهَ لَا يَمل حَتىٰ تَمَلُّوا"

الـ tik tok

ليس مكانا مناسبًا لمن يراعي قلبه وربه ، وليس مكانًا مناسبًا لأهل القرآن أبدًا ..

وتذكروا أنَّ من يحول حول الحِمى يوشك أن يقع فيه !

ذكر الله

ترقبوا ذكر الله دائمًا..

قال النبي ﷺ :

((مَثَلُ الَّذِي يَذْكُرُ رَبَّهُ وَالَّذِي لَا يَذْكُرُ رَبَّهُ مَثَلُ الْحَيِّ وَالْمَيِّتِ))

رواه البخاري

علاج السرحان في الصلاة

السـرحان في الصـلاة يحـدُث عنـدما نقرأ سـورة موجُـودة في العـقـل البـاطـن يعـني مكـررة ألاف المـرات لذلـك فإن عقـلك الـواعي لا يُـركـز حتّى تمنـع عقـلك الواعـي مـن السـرحـان أحفـظ سُـور جديـدة و اقـرأهـا في صـلاتـك و بـإذن اللَّـه تـركـيـزك سيكُـون حـاضـر.

صلاة المرأة

_على المرأة أن تتنبه لعدة أمور في الصلاة:

تغطية أسفل الذقن لأنها ليست من الوجه الذي يُكشف عند الصلاة، قال الإمام الشافعي وغيره أن الوجه ماحصلت به المواجهة، فحد الوجه من منبت الشعر للذقن طولًا، ومن الأذن للأذن عرضًا.

(عند بداية الأذن، فالأذن نفسها ليست من الوجه)

وعليه فإن أسفل الذقن من العورة التي يجب سترها في الصلاة وخارج الصلاة لغير المنتقبة.

_ماذا نفعل في صلواتنا الفائتة؟ هل علينا الإعادة إذ لم نكن نعلم؟

ج / ليس عليكِ الإعادة لأن هذا عذر إذ أنكِ لم تكوني على علم بهذا الأمر، ومادام علمتِ فتلتزمي بتغطية العورة أثناء الصلاة وتغطية أسفل الذقن، فتقدمين أسفل الخمار للأمام قليلًا فيحصل بذلك ستر أسفل الذقن.

****

_تغطية القدمين إما بجورب أو بعباءة طويلة تغطي القدمين، بعض النساء تضحك على نفسها فترتدي عباءة ليست طويلة بالقدر الكافي، بالكاد تغطي أصابع قدميها، ثم إذا ما ركعت انشكف كعب رجليها وجزء من الساق لأعلى، فعلى النساء أن يتقين الله في ستر عوراتهن في الصلاة.

توضأتِ وتجهزتِ للصلاة، فلا تبطليها بتهاونك في عدم ستر جسدك بشكل كافي.

❋❋❋❋

-ارتداء خمار في الصلاة يستر شعر الرأس ويغطي الصدر كما تخرجين بالضبط، لقوله صلى الله عليه وسلم **"لا يقبل الله صلاة حائض إلا بخمار"** المقصود بالحائض هي البالغة، والمقصود بالخمار هو غطاء الرأس، والخمار هو ما يغطي الرأس وجيوب العباءة -الصدر- وقد سُئل شيخنا الحويني - حفظه الله - هل تصلي المرأة بخمار أم تكفي طرحة صغيرة؟

فأجاب/ تُصلي المرأة بخمار.

❋❋❋❋

-عند الرفع من الركوع تقفين قائمة وتستوي كما كان حالك قبل الركوع، لا تَصلي الركوع بالسجود دون رفعٍ من الركوع، فهذا ركن إن لم تأتِ به فصلاتك باطلة.

-عند الرفعِ من الركوع، لا ترفعي يدك على هيئة الدعاء لأن ذلك بدعة.

****

-تخصيص صلاة ركعتين بين الآذانين يوم الجمعة من البِدع المُستحدثة، صلي ما شئت دون تخصيص بغير دليل شرعي.

****

-الإطمئنان ركن من أركان الصلاة، من لم يأتي به فصلاته باطلة، فلا تتعجلي في صلاتك وتمهلي لعلها آخر صلاة.

****

-إذا نمت عن صلاة الفجر، واستيقظتِ بعد الشروق، فصلِّي السُّنة أوَّلًا ثم الفرض، هكذا فعل النبي صلى الله عليه وسلم

****

الصلاة بالنقاب، إذا كان في مخدعك أو مصلى النساء ولا يوجد رجال قد تراكِ فيجب عليكِ خلع النقاب وشريطة الحاجبين التي تكون على الجبهة حتى

يحصل مقصد السجود وهو السجود على الجبهة والأنف، فإذا تركتِ هذه الشريطة على جبهتك فما حققتِ مقصدِ السجود وجعلتِ حائلًا بين جبهتك والأرض في السجود قال النبي ﷺ:

"أُمِرْتُ أَنْ أَسْجُدَ عَلَى سَبْعَةِ أَعْظُمٍ، وَلَا أَكُفَّ ثَوْبًا وَلَا شَعْرًا"

فلا تضعين خمارك على الأرض لتسجدي عليه ولا تجعلي حائلًا بينك وبين الأرض غير سجادة الصلاة التي تقفين عليها تصلين، فإذا كان المكان الذي تصلين فيه قد يدخله رجل أو مكان عام، فتصلين بالنقاب والقفازين ولا تكشفين وجهك.

لا تكُفِّي الثوب أثناء السجود، أي لا تجمعيه بيدك، اتركيه ليسجد معك

وأما بالنسبة للشعر فهذا للرجال فإذا كان له شعر طويل أو ضفائر فلا يكفها، بل يتركها لتسجد معه.

❈❈❈❈

تكون العباءة واسعة، الحجاب الشرعي الذي تخرجين به، هو نفسه تصلين به، فإذا صلت المرأة في ثياب ضيقة صحت صلاتها وتكون آثمة.

والله المستعان ولا حول ولا قوة إلا بالله.

الأوقات التي تجاب فيها الدعوات

س: ما هي الأوقات التي تجاب فيها الدعوات؟

*ج: أوقات الإجابة عديدة جاء في السنة بيانها منها:

١- ما بين الأذان والإقامة، فقد قال عليه الصلاة والسلام: (الدعاء لا يرد بين الأذان والإقامة).

٢- منها جوف الليل وآخر الليل، فالليل فيه ساعة لا يرد فيها سائل، أحراها جوف الليل وآخر الليل- الثلث الأخير- وقد ثبت عنه ﷺ أنه قال: (ينزل ربنا إلى سماء الدنيا كل ليلة حين يبقى ثلث الليل الآخر فيقول: من يدعوني فأستجيب له؟ من يسألني فأعطيه؟ من يستغفرني فأغفر له؟ حتى ينفجر الفجر...)

ينبغي للمؤمن والمؤمنة تحري هذه الأوقات والحرص على الدعوة الطيبة الجامعة في وسط الليل وفي آخر الليل وفي أي ساعة من الليل، لكن الثلث الأخير وجوف الليل أحرى بالإجابة مع سؤال الله بأسمائه الحسنى وصفاته العلى أن يجيب الدعوة مع الإلحاح وتكرار الدعاء، فالإلحاح في ذلك وحسن الظن بالله وعدم اليأس من أعظم أسباب الإجابة.

فعلى المرء أن يلح في الدعاء ويحسن الظن بالله عز وجل ، ويعلم أنه حكيم عليم، قد يعجل الإجابة لحكمة وقد يؤخرها لحكمة، وقد يعطي السائل خيرًا مما سأل، كما ثبت عن النبي ﷺ أنه قال: (ما من مسلم يدعو الله بدعوة ليس فيها إثم ولا قطيعة رحم إلا أعطاه الله بها إحدى ثلاث: إما أن تعجل له دعوته في الدنيا، وإما أن يدخرها له في الآخرة، وإما أن يصرف عنه من السوء مثلها) قالوا: يا رسول الله إذا نكثر؟ قال: (الله أكثر) وعليه أن يرجو من ربه الإجابة، ويكثر من توسله بأسمائه وصفاته سبحانه وتعالى، مع الحذر من الكسب الحرام والحرص على الكسب الطيب؛ لأن الكسب الخبيث من أسباب حرمان الإجابة. ولا حول ولا قوة إلا بالله.

٣- السجود، ترجى فيه الإجابة، يقول عليه الصلاة والسلام: (أقرب ما يكون العبد من ربه وهو ساجد، فأكثروا الدعاء) ويقول ﷺ: (أما الركوع فعظموا فيه الرب عز وجل، وأما السجود فاجتهدوا في الدعاء فقمن أن يستجاب لكم) أي حري أن يستجاب لكم، رواه مسلم في صحيحه.

٤- حين يجلس الإمام يوم الجمعة على المنبر للخطبة إلى أن تقضي الصلاة فهو محل إجابة.

٥- آخر كل صلاة قبل السلام يشرع فيه الدعاء، وهذا الوقت ترجى فيه الإجابة لأن النبي ﷺ لما علمهم التشهد قال: (ثم ليختر من الدعاء أعجبه إليه فيدعو).

٦- آخر نهار الجمعة بعد العصر إلى غروب الشمس هو من أوقات الإجابة في حق من جلس على طهارة ينتظر صلاة المغرب، فينبغي الإكثار من الدعاء بين صلاة العصر إلى غروب الشمس يوم الجمعة، وأن يكون جالسًا ينتظر الصلاة، لأن المنتظر في حكم المصلي.

وقد صح عن النبي ﷺ أنه قال: (في يوم الجمعة ساعة لا يسأل الله أحد فيها شيئا وهو قائم يصلي إلا أعطاه الله إياه) وأشار إلى أنها ساعة قليلة، فقوله ﷺ: (لا يسأل الله فيها شيئًا وهو قائم يصلي) قال العلماء: يعني ينتظر الصلاة، فإن المنتظر له حكم المصلي، لأن وقت العصر ليس وقت صلاة.

فالحاصل أن المنتظر لصلاة المغرب في حكم المصلي، فينبغي أن يكثر من الدعاء قبل غروب الشمس، إن كان في المسجد ففي المسجد، وإن كان امرأة أو مريضًا في البيت شرع له أن يفعل ذلك، وذلك بأن يتطهر وينتظر صلاة المغرب، هذه الأوقات كلها أوقات إجابة ينبغي فيها تحري الدعاء والإكثار منه مع الإخلاص لله والضراعة والإنكسار بين يدي الله والإفتقار بين يديه سبحانه

وتعالى، والإكثار من الثناء عليه، وأن يبدأ الدعاء بحمد الله والصلاة على النبي ﷺ فإن البداءة بالحمد لله والثناء عليه والصلاة على النبي ﷺ من أسباب الإستجابة، كما صح بذلك الحديث عن رسول الله ﷺ.

صلاة الضحى

صلاة الضحى سنة مؤكدة

وقتها : بعد طلوع الشمس بثلث ساعة تقريبًا وينتهي وقتها قبل صلاة الظهر بثلث ساعة تقريبًا.

كيفيتها : أقلها ركعتان وأفضلها ثمانية مثنى مثنى، وقيل لا حد لأكثرها.

فضلها : عَنْ أَبِي ذَرٍّ رضي الله عنه عَنِ النَّبِيِّ صَلَّى اللهُ عَلَيْهِ وَسَلَّمَ أَنَّهُ قَالَ : (يُصْبِحُ عَلَى كُلِّ سُلَامَى مِنْ أَحَدِكُمْ صَدَقَةٌ ، فَكُلُّ تَسْبِيحَةٍ صَدَقَةٌ ، وَكُلُّ تَحْمِيدَةٍ صَدَقَةٌ ، وَكُلُّ تَهْلِيلَةٍ صَدَقَةٌ ، وَكُلُّ تَكْبِيرَةٍ صَدَقَةٌ وَأَمْرٌ بِالْمَعْرُوفِ صَدَقَةٌ ، وَنَهْيٌ عَنِ الْمُنْكَرِ صَدَقَةٌ ، وَيُجْزِئُ مِنْ ذَلِكَ رَكْعَتَانِ يَرْكَعُهُمَا مِنَ الضُّحَى) رواه مسلم

روى البخاري ، ومسلم، عَنْ أَبِي هُرَيْرَةَ رَضِيَ اللهُ عَنْهُ قَالَ : (أَوْصَانِي خَلِيلِي بِثَلَاثٍ لَا أَدَعُهُنَّ حَتَّى أَمُوتَ : صَوْمِ ثَلَاثَةِ أَيَّامٍ مِنْ كُلِّ شَهْرٍ ، وَصَلَاةِ الضُّحَى ، وَنَوْمٍ عَلَى وِتْرٍ)

وهي صدقة عن ٣٦٠ مفصل في الجسم ،وهي تسمى بصلاة الأوابين ومعنى هذا الاسم .. الرجوع إلى الله

اللحية للرجال

قال الإمام "ابن باز "رحمه الله :

° اللحية كرامة من الله للرجل ، وجعلها الله ميزة له على النساء ، وجعلها

ميزة عن الكفرة والعصاة الذين يحلقون لحاهم :

■ فهي زينة للرجل

■ وهي نور في الوجه

■ وهي ميزة له عن النساء .

قد ثبت عن النبي ﷺ من حديث ابن عمر رضي الله عنهما أنه قال: "قصوا

الشوارب وأعفوا اللحي خالفوا المشركين"

غض البصر

غض البصر : أنتِ كبنت مسلمة واجب عليكي غض بصرك عن غير محارمك ..

يعني مش مسموح ولا يجوز ولا يصح النظرات والسرحان.

لقوله تعالى: (وقل للمؤمنات يغضضن من أبصارهن)

تدبر القرآن

قال ابن القيم -رحمه الله-:

من موانع تدبر القرآن "الغناء" فهو يُلهي القلب ويصدُّه عن فهم القرآن وتدبره والعمل بما فيه.

فالقرآن والغناء لا يجتمعان في القلب أبدًا لما بينهما من التضادّ.

فالقرآن يَنهى عن اتباع الهوى ويأمر بالعفة ومجانبة الشهوات والغناء يأمر بضدّ ذلك كله.

ـبقالي فترة بدور في القرآن على إزاي نحمي نفسنا من أثر الكلمة السيئة على قلب

يشير القرآن إلى ٣ مواضع لحماية القلب من أثر الكلام السيئ.

ـ سورة الحجر: ٩٧،٩٨

" وَلَقَدْ نَعْلَمُ أَنَّكَ يَضِيقُ صَدْرُكَ بِمَا يَقُولُونَ * فَسَبِّحْ بِحَمْدِ رَبِّكَ وَكُن مِّنَ السَّاجِدِينَ "

ـ سورة ق؛ ٣٩

" فَاصْبِرْ عَلَىٰ مَا يَقُولُونَ وَسَبِّحْ بِحَمْدِ رَبِّكَ قَبْلَ طُلُوعِ الشَّمْسِ وَقَبْلَ الْغُرُوبِ "

ـ سورة طه: ١٣٠

" فَاصْبِرْ عَلَىٰ مَا يَقُولُونَ وَسَبِّحْ بِحَمْدِ رَبِّكَ قَبْلَ طُلُوعِ الشَّمْسِ وَقَبْلَ غُرُوبِهَا "

التسبيح يحمي القلب من أثر الكلام السيئ و يورثك شعور الرضا يستقر في القلب.

وأذكر ربك إذا نسيت

-أستغفر الله

-الحمدلله

-لا إله إلا الله

-اللهُ أكبر

-سُبحان الله و بحمدهِ

-سُبحان الله العظيم

-استغفر الله و أتوبُ إليهِ

-لا حول و لا قوة إلا بالله

اللهُم صلِ وسلم وزد وبارك على محمد وعلى آله

-لا إله إلا أنتَ سبحانك إني كنت من الظالمينَ.

-حسبي الله لا إله إلا هو عليه توكلت وهو رب العرش العظيم

أمان : ﴿ لَا تَحْزَنْ إِنَّ اللَّهَ مَعَنَا ۖ ﴾

رعاية : ﴿ وَاصْبِرْ لِحُكْمِ رَبِّكَ فَإِنَّكَ بِأَعْيُنِنَا ۖ ﴾

- توكل : ﴿ وَأُفَوِّضُ أَمْرِي إِلَى اللَّهِ ۚ ﴾

- طمأنينه : ﴿ فَسَيَكْفِيكَهُمُ اللَّهُ ۚ ﴾

جاهد!

أن تَموتَ وأنتَ تُجاهِد نَفسك لِتستَقيم، خيرٌ لكَ مِن أن تموُت مُستَسلمًا لِشيطانك وهَواك .. !

جَاهِد؛ لعلَّك تَستقيمُ يومًا ..

ولعل أكثر ما تحتاج إليه هو تجديد التوبة..

ذنوبك التي حرمتك الكثير من الطاعات، وأثقلت قلبك..أما آن لك أن تتوب منها..!

تُب الآن .

بيت في الجنة

ـأي رأيك نبني بيت في الجنة ؟

قصور = بقول سورة الإخلاص ١٠ مرات.

أشجار = بقول سبحان الله والحمدلله ولا إله إلا الله والله أكبر.

نخيل = سبحان الله العظيم وبحمده.

كنز = لا حول ولا قوة إلا بالله.

إن الله عز وجل أصطفى من الكلام أربعًا ، سبحان الله ، والحمدلله ، ولا إله

إلا الله ، والله أكبر

فمن قال " سبحان الله ، كُتبت له عشرين حسنه وحطت عنه عشرين سيئه ،

والله أكبر ، مثلك ذلك ، ولا إله إلا الله ، مثلك ذلك ، ومن قال الحمدلله رب

العالمين كُتبت له ثلاثين حسنه وحطت عنه ثلاثين خطيئه "

- إلى أين المفر يَا صديقي ..؟

= إلى الله .

- وكيف !

= فى ركعتين ، تُطيل فيهما سجودك وتحكيّ عن مخاوفك وهمومك ، فَ الله أكبر ، وعند قولك يا رب ، بدموع تنهمر ودعواتٌ تُرفع وطمأنينة ستسكُن ، بسجدة تطول وحديث فيه تقول كُل مَ قد يجول بداخلك !

- ومتى القبول !

= يبدأ عند السلام من الصلاة ، براحة تسكن قلبك ، وطمأنينة فِى فؤادك ، إنه الله يَا صديقيّ ، إنه خالقك ، جابرك .. اذهب إليه

الخاتمة

الهدف من هذا الكتاب عزيزي القارئ هو إصلاح بعض أخطاءنا الذي لابُد أن نقع بها يوميًا، لا تيأس من توبتك وجاهد نفسك دائمًا، لا تنسى الدعاء ليّ إذا كنت قد إستفدت ولو جزء صغير من هذا الكتاب، دُمت مُسلمًا صالحًا يحبه الله ورسوله.

الفهرس